Impressum
Verlag: BABADADA GmbH, Nedderfeld 112 , 22529 Hamburg
Geschäftsführer / Verlagsleitung: Harald Hof
Druck: Books on Demand GmbH, In de Tarpen 42, 22848 Norderstedt

Imprint
Publisher: BABADADA GmbH, Nedderfeld 112 , 22529 Hamburg, Germany
Managing Director / Publishing direction: Harald Hof
Print: Books on Demand GmbH, In de Tarpen 42, 22848 Norderstedt

# shule

# škola

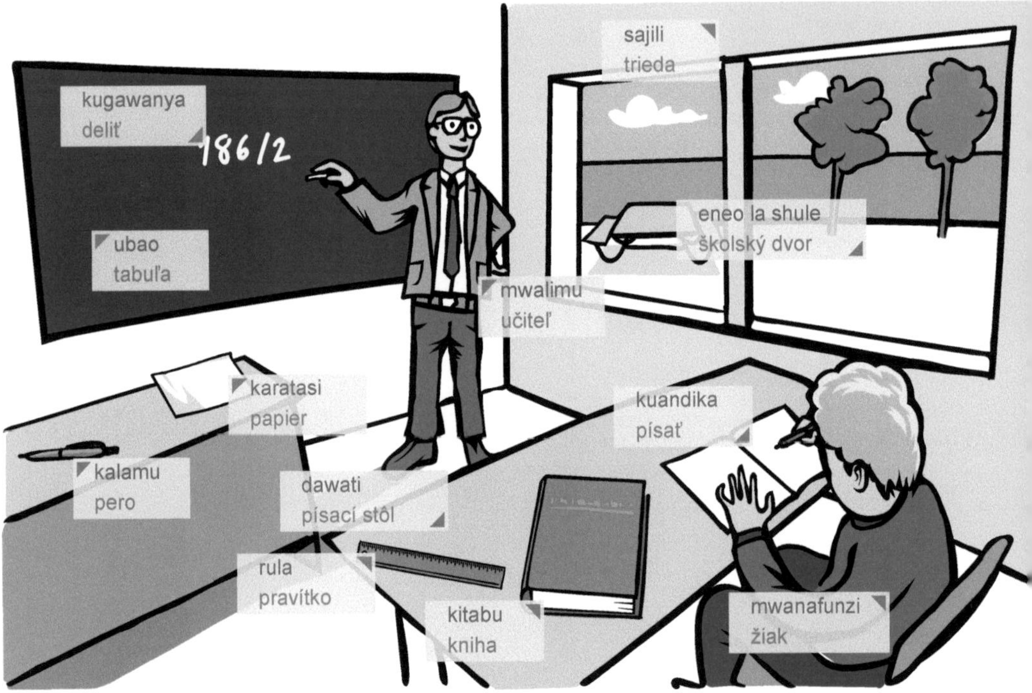
sajili
trieda
kugawanya
deliť
186/2
ubao
tabuľa
eneo la shule
školský dvor
mwalimu
učiteľ
karatasi
papier
kuandika
písať
kalamu
pero
dawati
písací stôl
rula
pravítko
kitabu
kniha
mwanafunzi
žiak

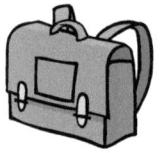

mkoba

školská taška

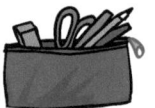

kikasha cha penseli

peračník

penseli

ceruza

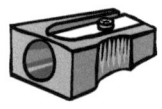

kichonga penseli

strúhadlo na ceruzky

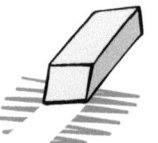

mpira

guma

pedi ya kuchora

skicár

uchoraji

kresba

brashi ya rangi

štetec

sanduku la rangi

vodové farby

mkasi

nožnice

gundi

lepidlo

daftari

cvičný zošit

kazi ya nyumbani

domáca úloha

nambari

číslo

jumlisha

sčítať

ondoa

odčítať

zidisha

násobiť

kokotoa

počítať

barua

písmeno

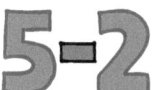

alfabeti

abeceda

neno

slovo

**maandishi**

text

**kusoma**

čítať

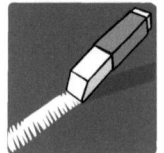

**chaki**

krieda

**somo**

hodina

**sajili**

triedna kniha

**uchunguzi**

skúška

**cheti**

certifikát

**sare za shule**

školská uniforma

**elimu**

vzdelanie

**elezo**

encyklopédia

**chuo kikuu**

univerzita

**darubini**

mikroskop

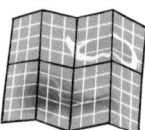

**ramani**

mapa

**kikapu cha kuweka karatasi chafu**

kôš na papier

# usafiri
## cesta

hoteli
hotel
hosteli
nocľaháreň
ROOMS
Grand
EXCHANGE
ofisi ya ubadilishanaji
zmenáreň
sanduku
kufor
gari
auto

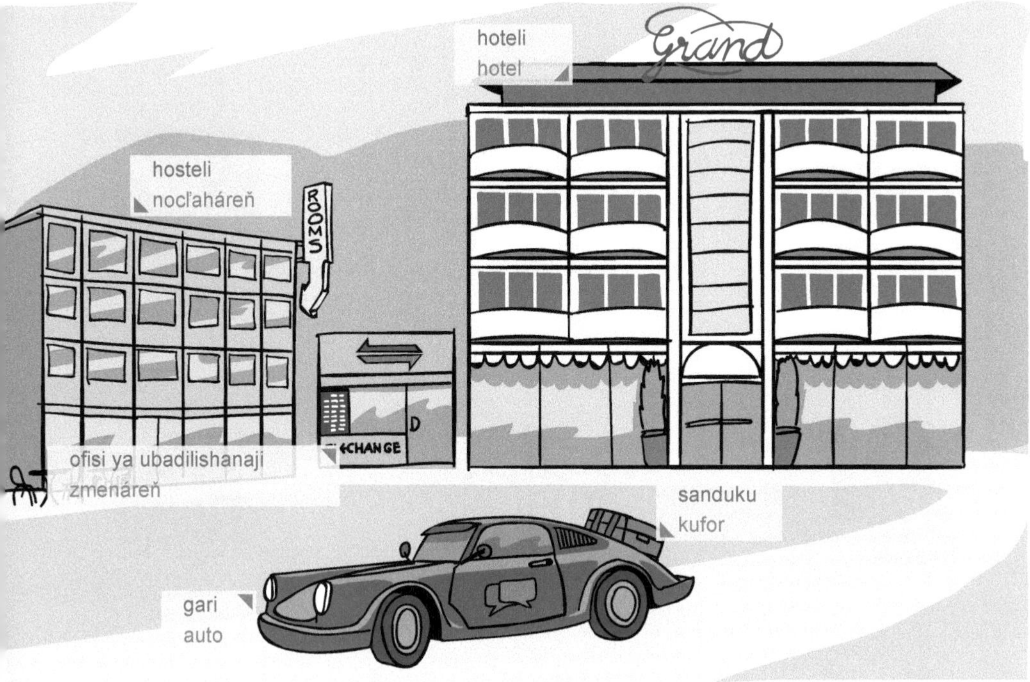

lugha

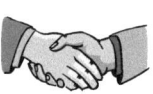

jazyk

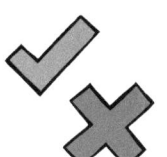

ndiyo / la

áno/nie

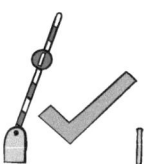

sawa

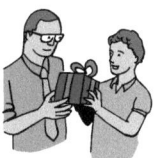

v poriadku

hujambo

ahoj

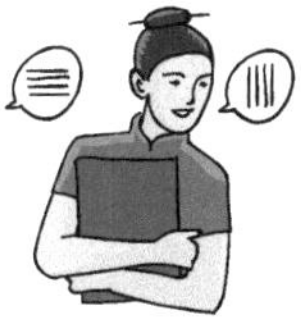

mtafsiri

prekladateľ

Asante

ďakujem

kiasi gani ni ...?

Koľko stojí ... ?

Sielewi

Nerozumiem

tatizo

problém

Jioni njema!

Dobrý večer!

Habari za asubuhi!

Dobré ráno!

Usiku mwema!

Dobrú noc!

kwa heri

Dovidenia

mwelekeo

smer

mizigo

batožina

mfuko

taška

shanta

batoh

mgeni

hosť

chumba

izba

begi la kulalia

spacák

hema

stan

taarifa ya utalii

informácie pre turistov

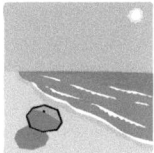

ufuo

pláž

kadi

kreditná karta

kifunguakinywa

raňajky

chakula cha mchana

obed

chakula cha jioni

večera

tiketi

cestovný lístok

kuinua

výťah

muhuri

poštová známka

mpaka

hranica

mila

clo

ubalozi

veľvyslanectvo

visa

vízum

pasipoti

cestovný pas

# usafiri
# doprava

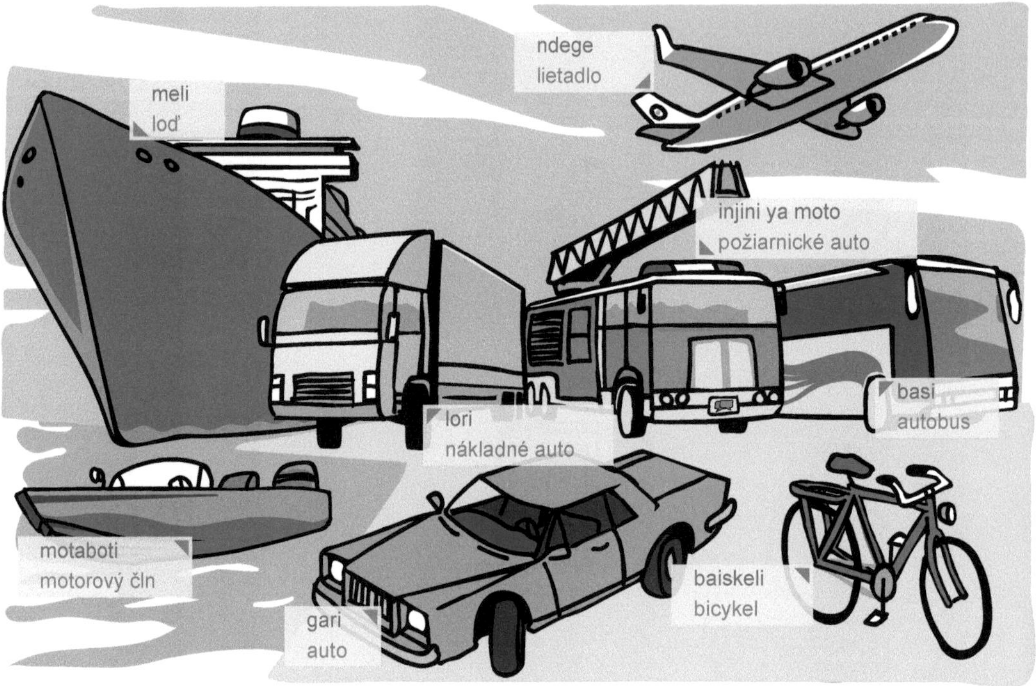

ndege
lietadlo
meli
loď
injini ya moto
požiarnické auto
lori
nákladné auto
basi
autobus
motaboti
motorový čln
baiskeli
bicykel
gari
auto


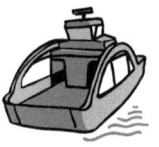

| | | |
|---|---|---|
|  |  |  |
| feri<br>trajekt | mashua<br>loď | pikipiki<br>motorka |
|  |  |  |
| gari la polisi<br>policajné auto | gari la mashindano<br>pretekárske auto | gari la kukodisha<br>vozidlo z požičovne |

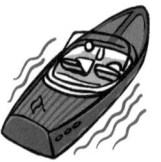

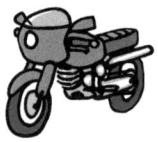

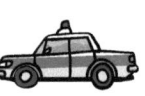

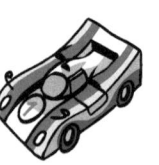

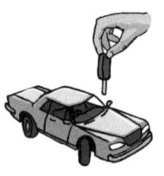

kushiriki gari

carsharing

lori la kuvuta

odťahové auto

ukusanyaji taka

smetiarske auto

motor

motor

mafuta

benzín

kituo cha mafuta

čerpacia stanica

ishara trafiki

dopravná značka

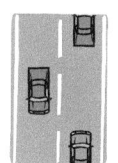

trafiki

premávka

msongamano

zápcha

maegesho

parkovisko

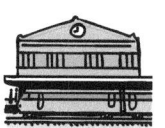

kituo cha treni

vlaková stanica

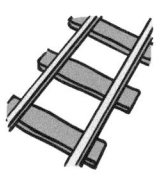

reli

trate

garimoshi

vlak

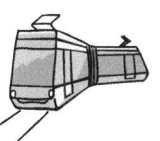

tremu

električka

gari la mizigo

vagón

helikopta

helikoptéra

uwanja wa ndege

letisko

mnara

veža

abiria

pasažier

chombo

kontajner

katoni

kartón

mkokoteni

vozík

kikapu

kôš

ondoka

štartovať / pristáť

## jiji

## mesto

kijiji

dedina

katikati ya jiji

centrum mesta

nyumba

dom

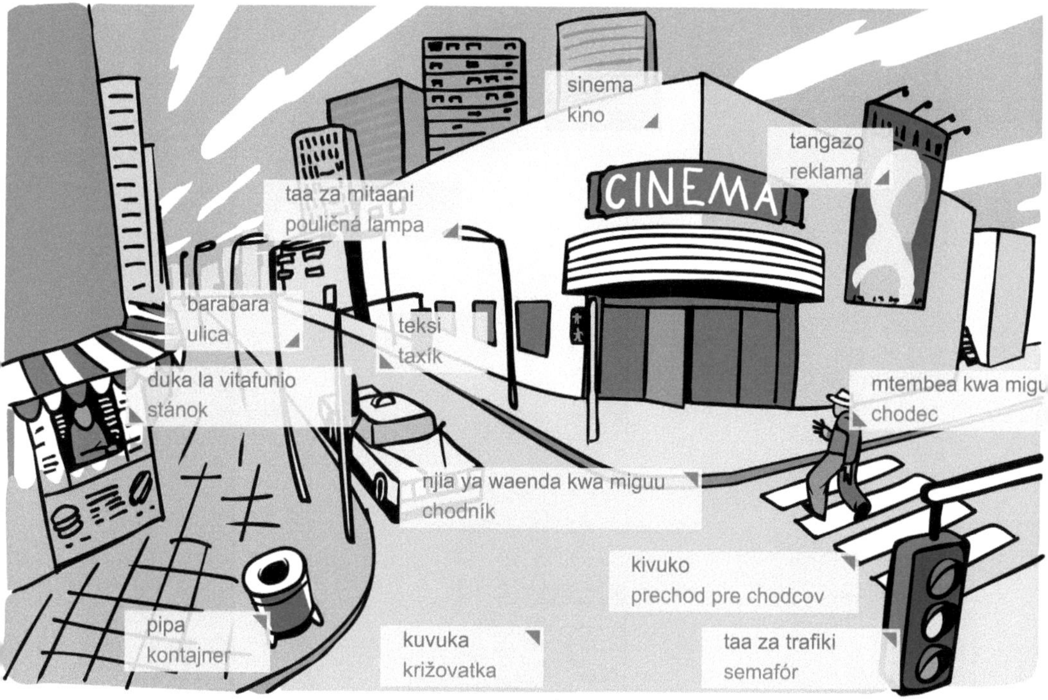

sinema
kino

tangazo
reklama

taa za mitaani
pouličná lampa

barabara
ulica

teksi
taxík

duka la vitafunio
stánok

mtembea kwa migu
chodec

njia ya waenda kwa miguu
chodník

kivuko
prechod pre chodcov

pipa
kontajner

kuvuka
križovatka

taa za trafiki
semafór

CINEMA

kibanda
chata

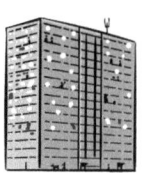

gorofa
byt

kituo cha treni
vlaková stanica

ukumbi wa mji
radnica

Makavazi
múzeum

shule
škola

jiji - mesto

chuo kikuu

univerzita

benki

banka

hospitali

nemocnica

hoteli

hotel

duka la dawa

lekáreň

ofisi

kancelária

duka la kitabu

kníhkupectvo

duka

obchod

duka la maua

kvetinárstvo

dukakuu

supermarket

soko

trh

idara ya kuhifadhi

obchodný dom

mwuza samaki

obchodník s rybami

kituo cha ununuzi

nákupné stredisko

bandari

prístav

Hifadhi

park

benki

lavička

daraja

most

vidato

schody

chini ya ardhi

metro

handaki

tunel

kituo cha mabasi

autobusová zastávka

bar

bar

mgahawa

reštaurácia

sanduku la posta

poštová schránka

ishara ya barabara

tabuľa s názvom ulice

mita ya maegesho

parkovacie hodiny

bustani ya wanyama

ZOO

kidimbwi cha kuogelea

plaváreň

msikiti

mešita

shamba

farma

uchafuzi

znečisťovanie životného prostredia

makaburini

cintorín

kanisa

kostol

uwanja wa michezo

ihrisko

hekalu

chrám

# mazingira

## terén

jani
list

ishara ya mwelekeo
smerová tabuľa

njia
cesta

malisho
lúka

jiwe
kameň

mtembeaji wa masafa
turista

mti
strom

mto
rieka

nyasi
tráva

ua
kvet

bonde
dolina

kilima
kopec

ziwa
jazero

msitu
les

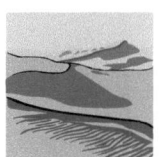

jangwa
púšť

volkano
vulkán

ngome
zámok

upinde wa mvua
dúha

uyoga
hríb

mtende
palma

mbu
komár

kuruka
mucha

chungu
mravec

nyuki
včela

buibui
pavúk

mende

chrobák

chura

žaba

kuchakuro

veverička

nungunungu

jež

sungura

zajac

bundi

sova

ndege

vták

swan

labuť

nguruwe mwitu

diviak

kulungu

jeleň

aina ya kongoni

los

bwawa

hrádza

tabo ya upepo

veterná turbína

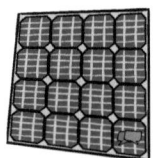

nishaji ya jua

solárny panel

hali ya hewa

podnebie

# mgahawa
# reštaurácia

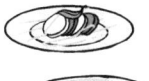

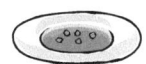

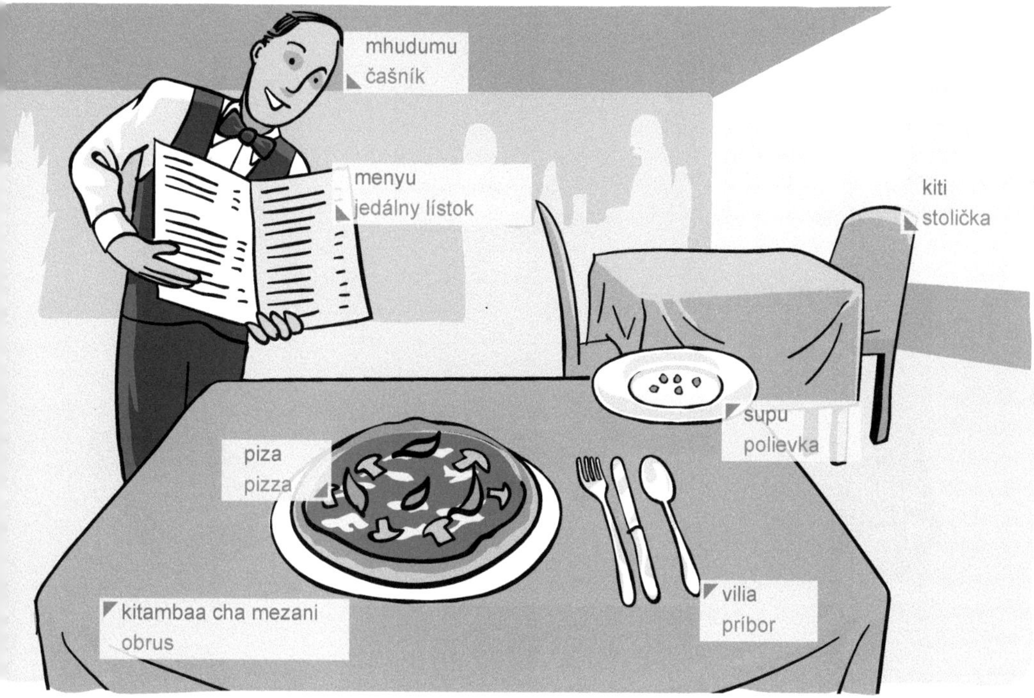
mhudumu
čašník
menyu
jedálny lístok
kiti
stolička
supu
polievka
piza
pizza
vilia
príbor
kitambaa cha mezani
obrus

kiamsha hamu

predjedlo

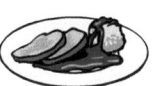

kozi kuu

hlavné jedlo

kitindamlo

zákusok

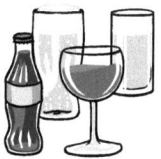

vinywaji

nápoje

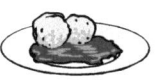

chakula

jedlo

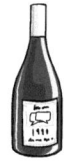

chupa

fľaša

chakula cha haraka

fast-food

Streetfood

street food

buli

kanvica na čaj

kisanduku cha sukari

cukornička

sehemu

porcia

mashine ya espresso

stroj na espresso

kiti kirefu

detská stolička

muswada

účet

trei

podnos

kisu

nôž

uma

vidlička

kijiko

lyžica

kijiko cha chai

čajová lyžička

nepi

obrúsok

glasi

pohár

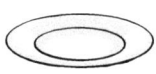

sahani

tanier

sahani ya supu

hlboký tanier

sufuria

podšálka

mchuzi

omáčka

kichanyaji chumvi

soľnička

kinu cha pilipili

mlynček na korenie

siki

ocot

mafuta

olej

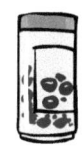

viungo

korenie

kechapu

kečup

haradali

horčica

kachumbari nzito

majonéza

# dukakuu

# supermarket

ofa maalum
špeciálna ponuka
FOR
mteja
klient
maziwa
mliečne výrobky
matunda
ovocie
toroli
nákupný vozík

BUTCHERS

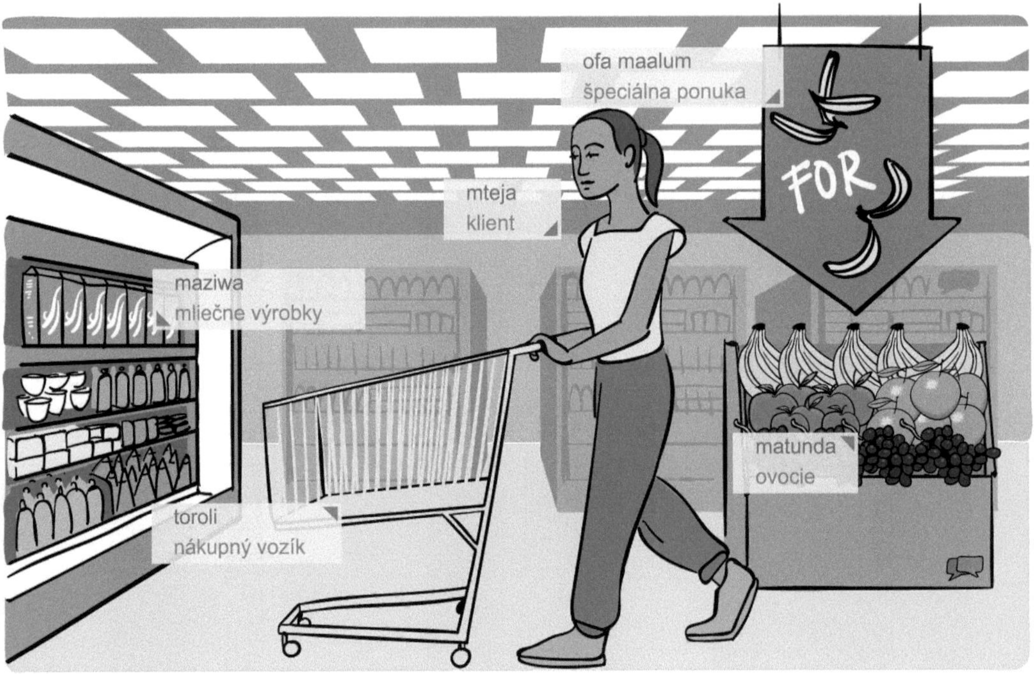

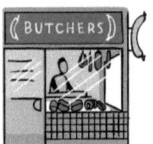

mchinjaji

mäsiarstvo

BAKERY

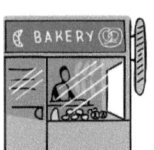

mwokaji

pekáreň

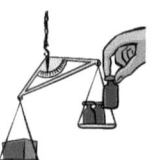

uzito

vážiť

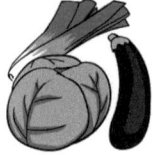

mboga

zelenina

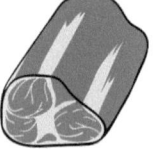

nyama

mäso

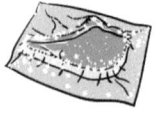

chakula waliohifadhiwa

mrazené potraviny

vipande vya nyama baridi

nárez

chakula cha kopo

konzervy

sabuni ya unga

prací prostriedok

pipi

sladkosti

bidhaa za kaya

domáce potreby

bidhaa za kusafisha

čistiace prostriedky

mtu mauzo

predavačka

mpaka

pokladňa

keshia

pokladník

orodha ya manunuzi

nákupný zoznam

masaa ya ufunguzi

otváracie hodiny

mkoba

peňaženka

kadi

kreditná karta

mfuko

taška

mfuko wa plastiki

plastové vrecko

maji

voda

sharubati

džús

maziwa

mlieko

coke

kola

mvinyo

víno

bia

pivo

pombe

alkohol

kakao

kakao

chai

čaj

kahawa

káva

spreso

espresso

kapuchino

kapučíno

ndizi

banán

tufaha

jablko

machungwa

pomaranč

tikiti

melón

lemon

citrón

karoti

mrkva

kitunguu saumu

cesnak

mianzi

bambus

kitunguu

cibuľa

uyoga

hríb

karanga

orechy

nudo

rezance

spageti
špagety

mpunga
ryža

saladi
šalát

vibanzi
hranolky

viazi vya kukaanga
pečené zemiaky

piza
pizza

hambaga
hamburger

sandwichi
obložený chlebík

kipande
rezeň

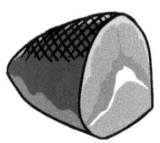

paja la mnyama
šunka

salami
saláma

soseji
klobása

kuku
kurča

choma
pečené mäso

samaki
ryba

oats ya uji

ovsené vločky

muesli

müsli

cornflakes

kukuričné lupienky

unga

múka

kroisanti

croissant

andazi

pečivo

mkate

chlieb

mkate wa kubanika

hrianka

biskuti

sušienky

siagi

maslo

maziwa mgando

tvaroh

keki

koláč

yai

vajce

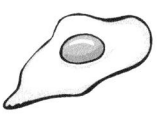

yai kukaanga

volské oko

jibini

syr

chakula - jedlo

aiskrimu

zmrzlina

sukari

cukor

asali

med

jemu

lekvár

kuenea kwa chokoleti

nugátová nátierka

mchuzi wa viungo

karí korenie

chakula - jedlo

# shamba

# farma

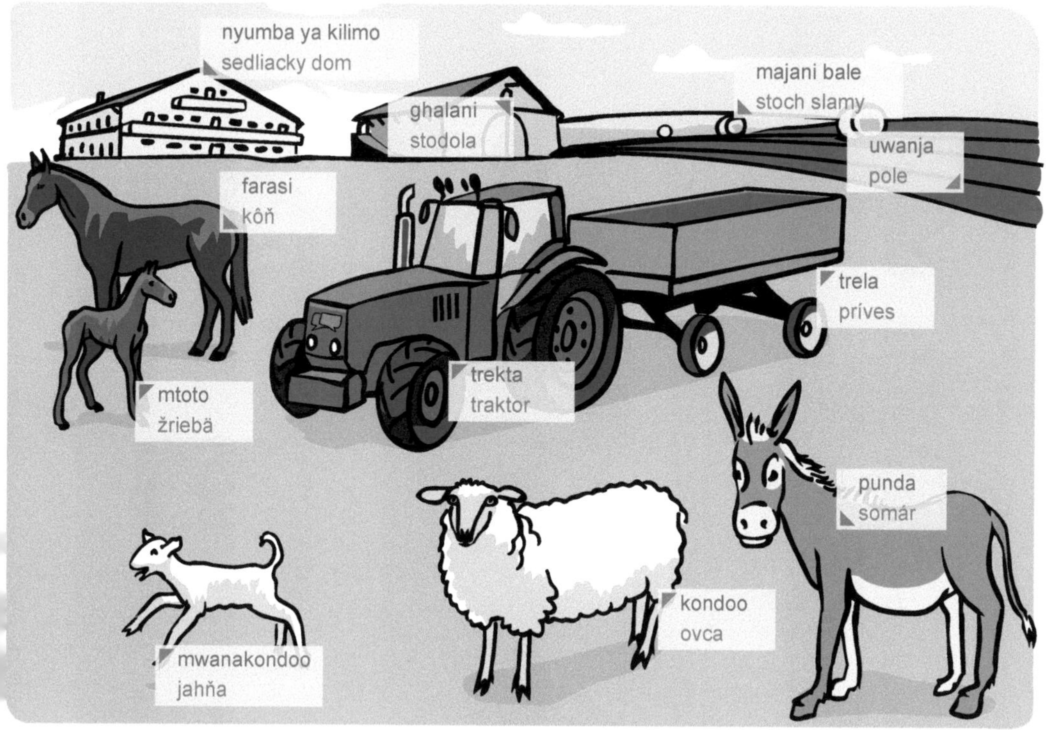

nyumba ya kilimo
sedliacky dom
ghalani
stodola
majani bale
stoch slamy
uwanja
pole
farasi
kôň
trela
príves
trekta
traktor
mtoto
žriebä
punda
somár
kondoo
ovca
mwanakondoo
jahňa


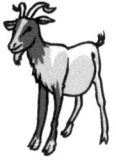

mbuzi

koza

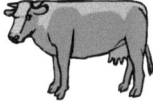

ng'ombe

krava

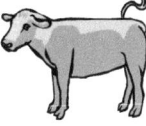

ndama

teľa

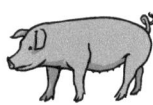

nguruwe

prasa

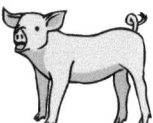

mwananguruwe

prasiatko

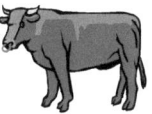

fahali

býk

batabukini

hus

bata

kačica

kifaranga

kuriatko

kuku

sliepka

jogoo

kohút

panya

potkan

paka

mačka

panya

myš

ng'ombe

vôl

mbwa

pes

nyumba ya mbwa

psia búda

bomba la bustani

záhradná hadica

debe la kumwagilia maji

krhla

fyekeo

kosa

kulima

pluh

mundu

kosák

jembe

motyka

uma wa nyasi

vidly na hnoj

shoka

sekera

toroli

fúrik

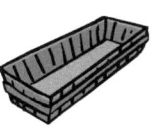

kupitia nyimbo

koryto

chombo cha maziwa

kanva na mlieko

gunia

vrece

ua

plot

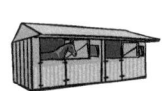

imara

maštaľ

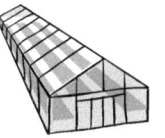

chafu

skleník

udongo

pôda

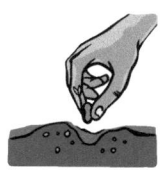

mbegu

osivo

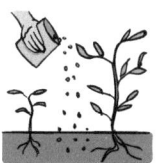

mbolea

hnojivo

kivunaji

kombajn

mavuno

žať

mavuno

žatva

viazi vikuu

batát

ngano

pšenica

soya

sója

viazi

zemiak

mahindi

kukurica

rapa

repka

mti wa matunda

ovocný strom

muhogo

maniok

nafaka

obilie

# nyumba
# dom

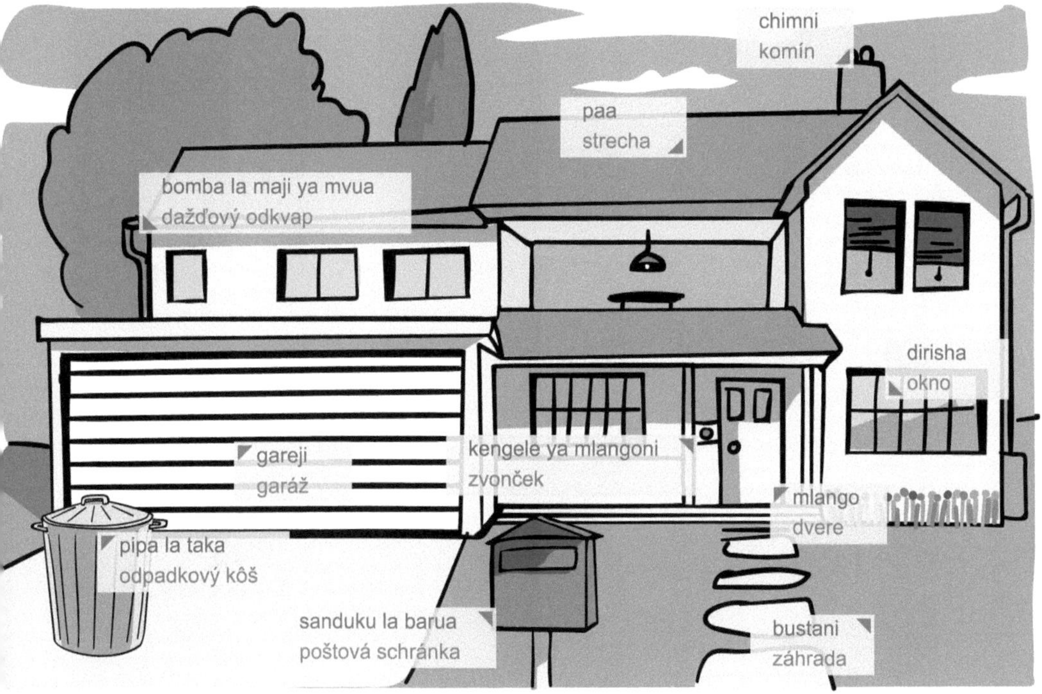
chimni
komín
paa
strecha
bomba la maji ya mvua
dažďový odkvap
dirisha
okno
gareji
garáž
kengele ya mlangoni
zvonček
mlango
dvere
pipa la taka
odpadkový kôš
sanduku la barua
poštová schránka
bustani
záhrada

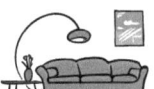

sebuleni

obývačka

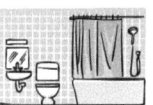

bafu

kúpeľňa

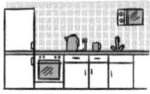

jikoni

kuchyňa

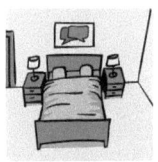

chumba cha kulala

spálňa

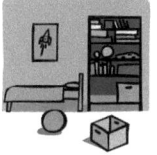

chumba ya mtoto

detská izba

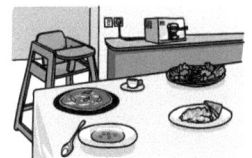

chumba cha kulia

jedáleň

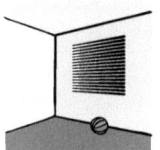

sakafu

podlaha

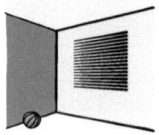

ukuta

stena

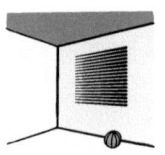

dari

strop

pishi

pivnica

sauna

sauna

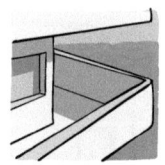

roshani

balkón

mtaro

terasa

kidimbwi

bazén

mashine ya kukata nyasi

kosačka

karatasi

obliečka

kitambaa cha kupamba
kitanda

posteľná prikrývka

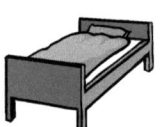

kitanda

posteľ

ufagio

metla

ndoo

vedro

kubadili

vypínač

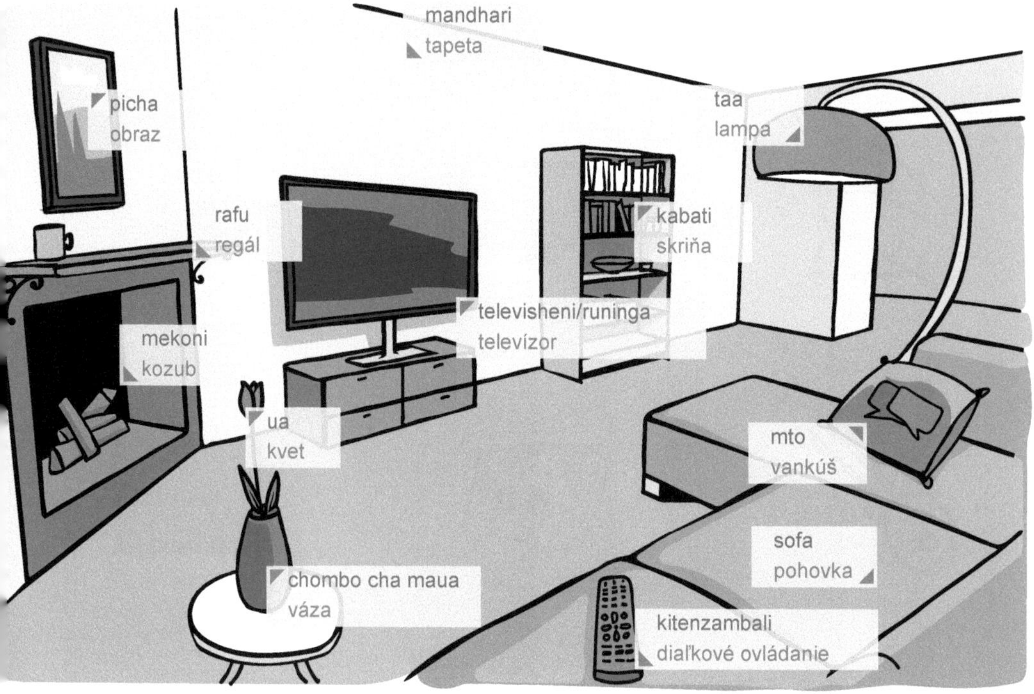

mandhari
tapeta

picha
obraz

taa
lampa

rafu
regál

kabati
skriňa

mekoni
kozub

televisheni/runinga
televízor

ua
kvet

mto
vankúš

sofa
pohovka

chombo cha maua
váza

kitenzambali
diaľkové ovládanie

zulia

koberec

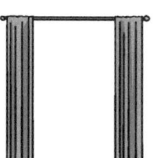

pazia

záclona

meza

stôl

kiti

stolička

kiti cha bembea

hojdacie kreslo

armchair

kreslo

kitabu

kniha

blanketi

prikrývka

mapambo

dekorácia

kuni

drevo na kúrenie

filamu

film

kifaa cha hi-fi

hi-fi veža

ufunguo

kľúč

gazeti

noviny

uchoraji

maľba

bango

plagát

redio

rádio

daftari

zápisník

kifyonza

vysávač

dungusi kakati

kaktus

mshumaa

sviečka

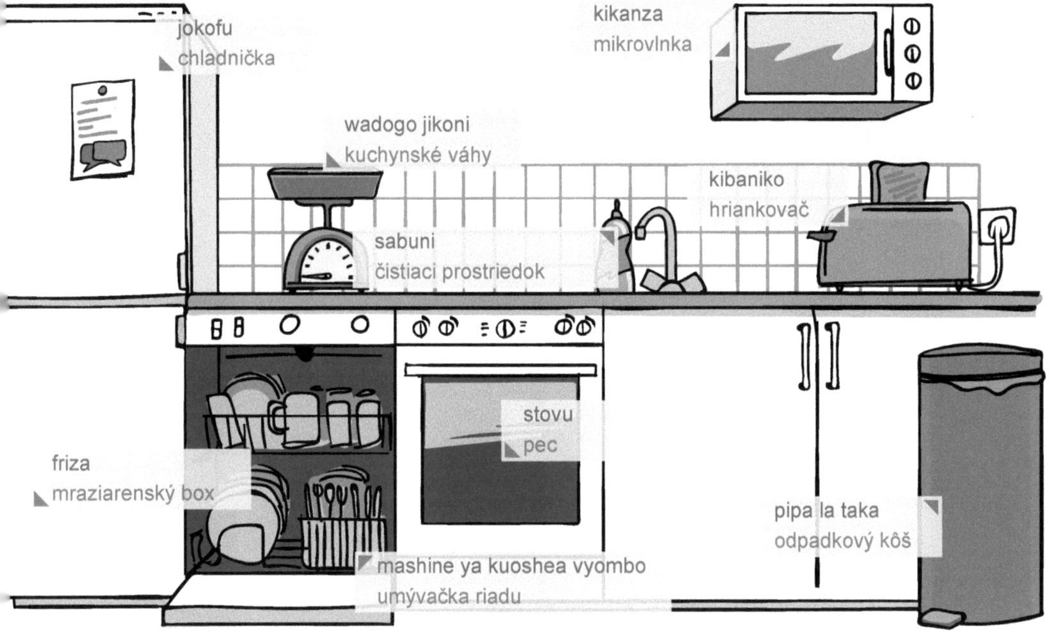

jokofu
chladnička

kikanza
mikrovlnka

wadogo jikoni
kuchynské váhy

kibaniko
hriankovač

sabuni
čistiaci prostriedok

stovu
pec

friza
mraziarenský box

pipa la taka
odpadkový kôš

mashine ya kuoshea vyombo
umývačka riadu

jiko la kupika

sporák

chungu

hrniec

sufuria ya chuma

železný hrniec

wok / kadai

wok / kadai

kaango

panvica

birika

rýchlovarná kanvica

stima

parný hrniec

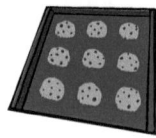

sinia ya kuoka

plech na pečenie

vyombo vya udongo

riad

kombe

pohár

bakuli

misa

vijiti vya kulia

paličky

ukawa

naberačka na polievku

mwiko mpana

stierka

burashi

metlička

kichujio

cedidlo

chujio

sitko

mbuzi

strúhadlo

chokaa

mažiar

barbeque

gril

moto wazi

ohnisko

ubao wa majaribio

doska na krájanie

kijiti cha kusukuma unga

valček na cesto

kizibuo

vývrtka

kopo

konzerva

inaweza kopo

otvárač na konzervy

kishikio cha chungu

chňapka

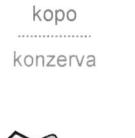

karo

výlevka

brashi

kefa

sifongo

hubka

kisagaji matunda

mixér

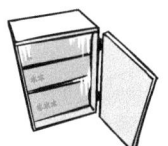

friji ya kina

mraznička

chupa ya mtoto

kojenecká fľaša

bomba

vodovodný kohútik

# bafu
# kúpeľňa

joto
kúrenie
mfereji wa kuogea
sprcha
taulo
uterák
pazia la kuogea
sprchový záves
maji ya kuoga yenye povu
pena do kúpeľa
hodhi
vaňa
glasi
pohár
mashine ya kuosha
práčka
bomba
vodovodný kohútik
vigae
dlaždice
poti
nočník
karo
výlevka

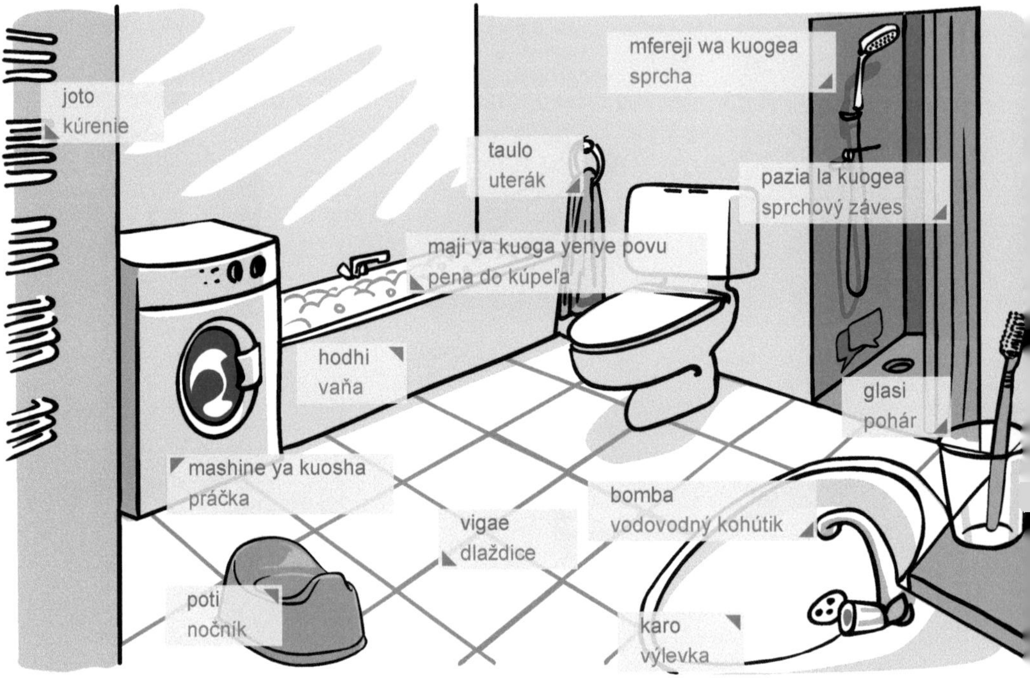

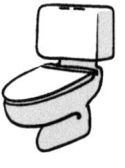

choo
záchod

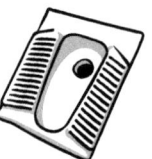

choo cha squat
suchý záchod

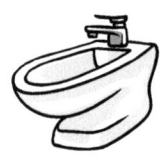

beseni la mviringo
bidet

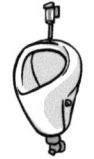

choo cha umma
pisoár

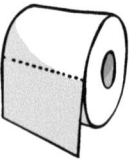

shashi
toaletný papier

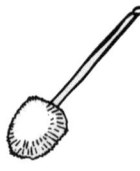

brashi ya choo
záchodová kefa

mswaki

zubná kefka

dawa ya meno

zubná pasta

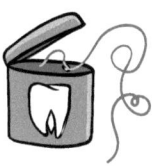

dawa ya meno

dentálna niť

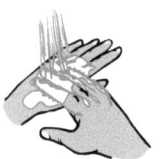

safisha

umývať

kuoga mkono

ručná sprcha

msukumo wa maji

sprcha pre intímnu hygienu

bonde

umývadlo

mpako wa pili

kefa na chrbát

sabuni

mydlo

jeli ya kuogea

sprchový gél

shampuu

šampón

flana

frotírová rukavica

toa maji

odtok

krimu

krém

kiondoa harufu

dezodorant

kioo

zrkadlo

kioo mkono

kozmetické zrkadlo

kinyozi

žiletka

povu la kunyoa

pena na holenie

baada ya kunyoa

voda po holení

kichana

hrebeň

brashi

kefa

kikausha nywele

sušič vlasov

marashi ya nyewele

sprej na vlasy

vipodozi

make-up

kidomwa

rúž

varnish ya msumari

lak na nechty

pamba

vata

mkasi wa kucha

nožnice na nechty

manukato

parfum

mkoba wa kuosha

kozmetická taška

kinyesi

stolček

mizani

váha

nguo ya kuoga

kúpací plášť

glavu za mpira

gumové rukavice

kisodo

tampón

sodo

menštruačná vložka

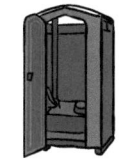

kemikali choo

chemické WC

# chumba ya mtoto

# detská izba

saa ya kengele
budík
kidoli cha kupakata
plyšová hračka
gari bandia
hračkárske auto
kelele
hrkálka
chumba cha midoli
domček pre bábiky
sasa
dar

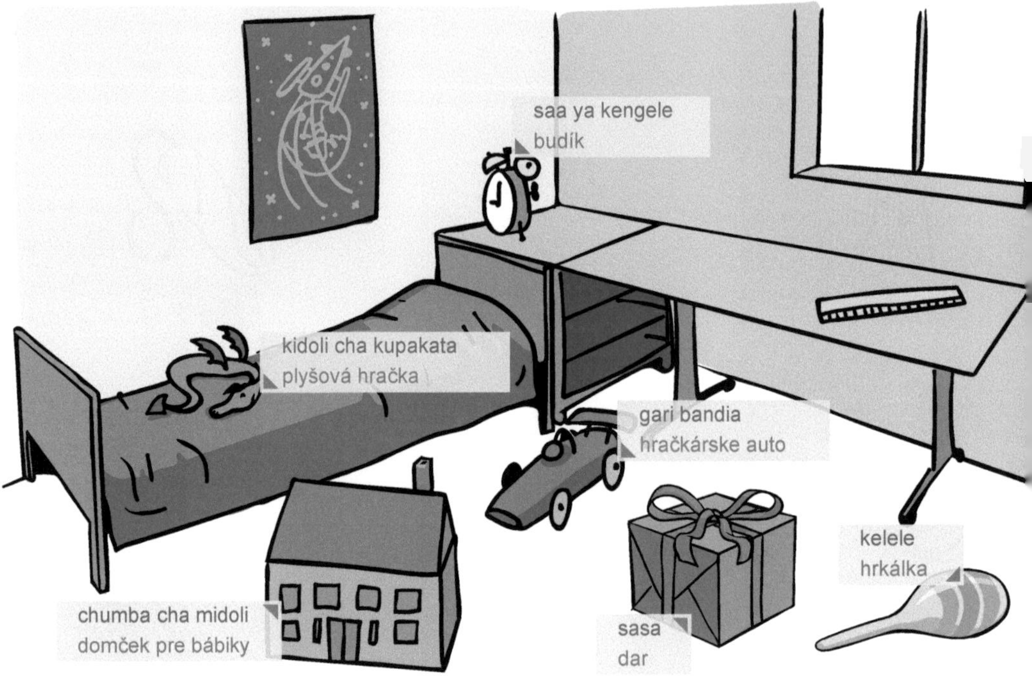

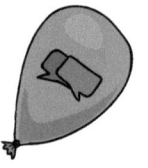

baluni

balón

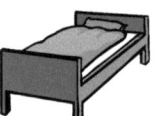

kitanda

posteľ

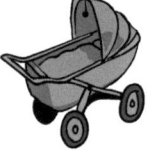

mashua

detský kočík

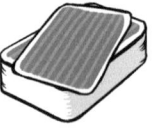

staha ya kadi

karty

mchezo-fumb

puzzle

SUPER
MEGA

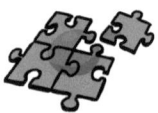

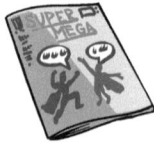

vichekesho

komix

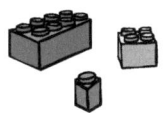

matofali lego

skladačka lego

vitalu mwigo

stavebnica

hatua takwimu

akčná postavička

suti ya kulalia

dupačky

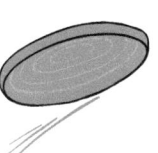

kisahani

lietajúci tanier

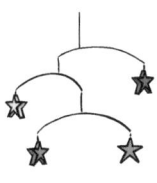

simu

závesné hračky

ubao wa michezo

stolová hra

kete

kocka

garimoshi mwigo

modelový vláčik

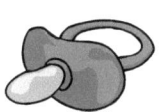

dummy

cumlík

chama

párty

picha kitabu

obrázková kniha

mpira

lopta

kikaragosi

bábika

kucheza

hrať sa

shimo la mchanga

pieskovisko

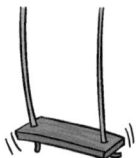

bembea

hojdačka

vitu bandia

hračky

kiweko cha video ya mchezo

hracia konzola

baiskeli ya magurudumu

trojkolka

matatu

mwanasesere

medvedík

kabati

šatník

## nguo
## šatstvo

soksi

ponožky

stokingi

pančuchy

kibano

pančuchové nohavičky

skafu
šál

mwavuli
dáždnik

ukanda
opasok

fulana
tričko

viatu
čižmy

ndara
papuče

wakufunzi
tenisky

malapa
sandále

viatu
topánky

mabuti ya mpira
gumáky

suruali ya ndani
spodky

sidiria
podprsenka

fulana
tielko

**mwili**

body

**suruali**

nohavice

**dangirizi**

džínsy

**sketi**

sukňa

**blauzi**

blúzka

**shati**

košeľa

**vuta**

pulóver

**sweta**

sveter

**bleza**

blejzer

**jaketi**

bunda

**koti**

kabát

**koti la mvua**

pršiplášť

**maleba**

kostým

**gauni**

šaty

**mavazi ya harusi**

svadobné šaty

suti

oblek

vazi la usiku

nočná košeľa

pajama

pyžamo

sari

sari

skafu

šatka na hlavu

kilemba

turban

burka

burka

kaftan

kaftan

abaya

abaja

vazi la kuogelea

dvojdielne plavky

vazi la kiume la kuogelea

plavky

kaptura

šortky

teitei

tepláková súprava

aproni

zástera

glavu

rukavice

kifungo

gombík

glasi

okuliare

bangili

náramok

mkufu

retiazka

pete

prsteň

herini

náušnica

kofia

čiapka

kiango cha koti

vešiak

kofia

klobúk

tai

kravata

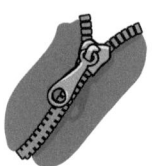

zipu

zips

kofia

prilba

kanda za suruali

traky

sare za shule

školská uniforma

sare

uniforma

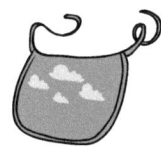

bibu

podbradník

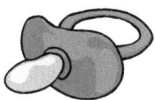

dummy

cumlík

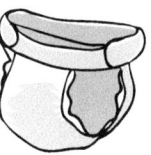

nepi

plienka

# ofisi

## kancelária

seva
server
kabati la kuweka faili
skriňa na spisy
karatasi
papier
kichapishaji
tlačiareň
kiwambo
monitor
dawati
písací stôl
kipanya
myš
folda
zakladač
kibodi
klávesnica
u cha kuweka karatasi chafu
a papier
kompyuta
počítač
kiti
stolička


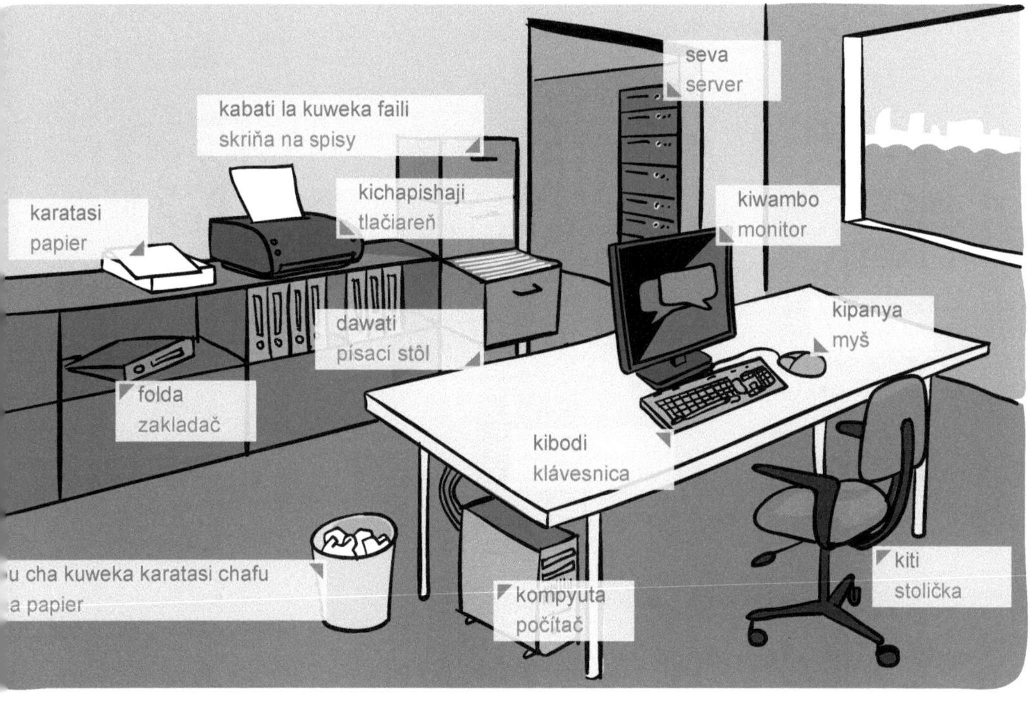

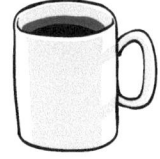

kmobe la kahawa

hrnček na kávu

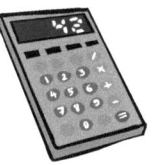

kikokotoo

kalkulačka

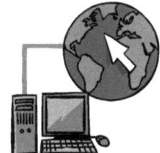

biashara

internet

mbali

laptop

barua

list

ujumbe

správa

rununu

mobil

intaneti

sieť

fotokopia

kopírka

programu

softvér

simu

telefón

soketi

elektrická zásuvka

kipepesi

fax

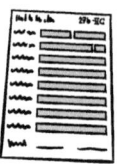

fomu

formulár

hati

doklad

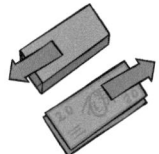

kununua

kúpiť

kulipa

platiť

biashara

obchodovať

fedha

peniaze

dola

dolár

yuro

euro

yeni

jen

rouble

rubeľ

faranga ya Uswisi

švajčiarsky frank

renminbi yuan

čínsky jüan

rupia

rupia

eneo la kulipia

bankomat

ofisi ya ubadilishanaji

zmenáreň

dhahabu

zlato

fedha

striebro

mafuta

ropa

nishati

energia

bei

cena

mkataba

zmluva

kodi

daň

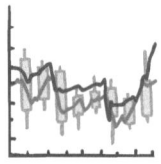

bidhaa

akcia

kazi

pracovať

mfanyakazi

zamestnanec

mwajiri

zamestnávateľ

kiwanda

továreň

duka

obchod

afisa wa polisi
policajt

mzimamoto
hasič

mpishi
kuchár

daktari
lekár

rubani
pilót

mtunza bustani

záhradník

seremala

stolár

mshonaji

krajčírka

hakimu

sudca

mwanakemia

chemik

muigizaji

herec

dereva wa basi

vodič autobusu

dereva wa teksi

taxikár

mvuvi

rybár

mwanamke wa kusafisha

upratovačka

mwezekaji

pokrývač

mhudumu

čašník

mwindaji

poľovník

mchoraji

maliar

mwokaji

pekár

umeme

elektrikár

mjenzi

stavebný robotník

mhandisi

inžinier

mchinjaji

mäsiar

fundi bomba

klampiar

mwanaposta

poštár

kazi - povolania

**mwanajeshi**

vojak

**msanifu majengo**

architekt

**keshia**

pokladník

**muuza maua**

kvetinár

**msusi**

kaderník

**kondakta**

sprievodca

**mekanika**

mechanik

**nahodha**

kapitán

**daktari wa meno**

zubár

**mwanasayansi**

vedec

**rabbi**

rabín

**imamu**

imám

**mtawa**

mních

**kasisi**

farár

# zana
# náradie

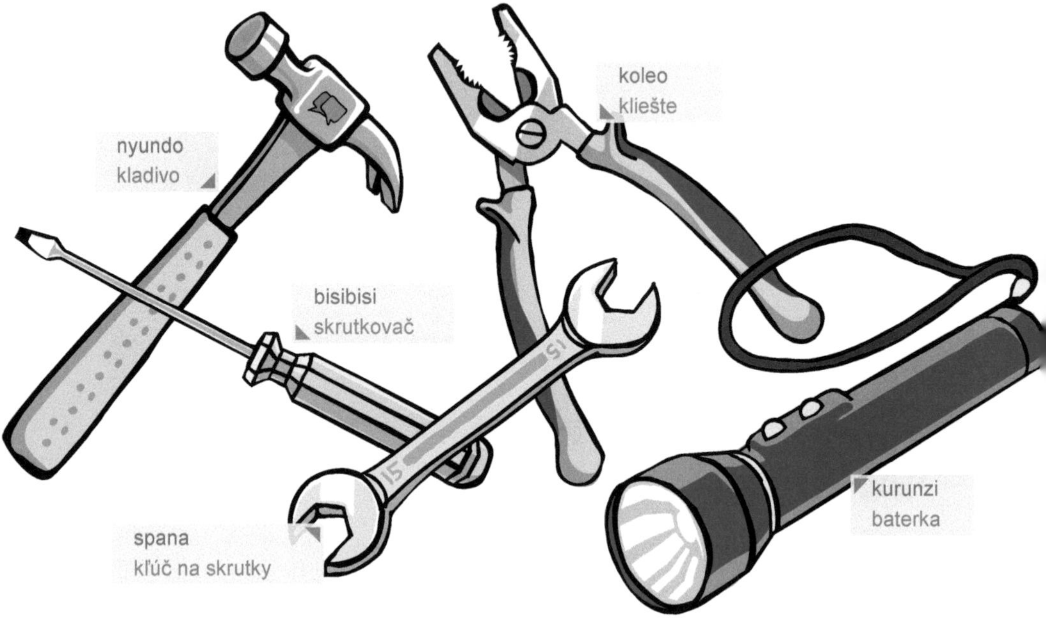

nyundo
kladivo
koleo
kliešte
bisibisi
skrutkovač
spana
kľúč na skrutky
kurunzi
baterka


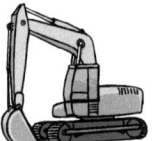

mchimbaji
bager

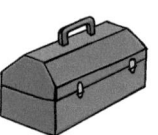

sanduku la vifaa
súprava náradia

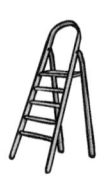

ngazi
rebrík

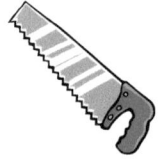

msumeno
pílka

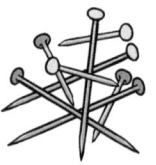

misumari
klince

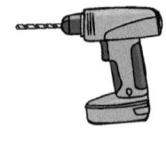

kuchimba visima
vrták

kukarabati

opraviť

sepetu

lopata

Lo!

Do čerta!

kishikio cha uchafu

lopatka na smeti

chungu cha rangi

nádoba s farbou

skurubu

skrutky

## ala za muziki
## hudobné nástroje

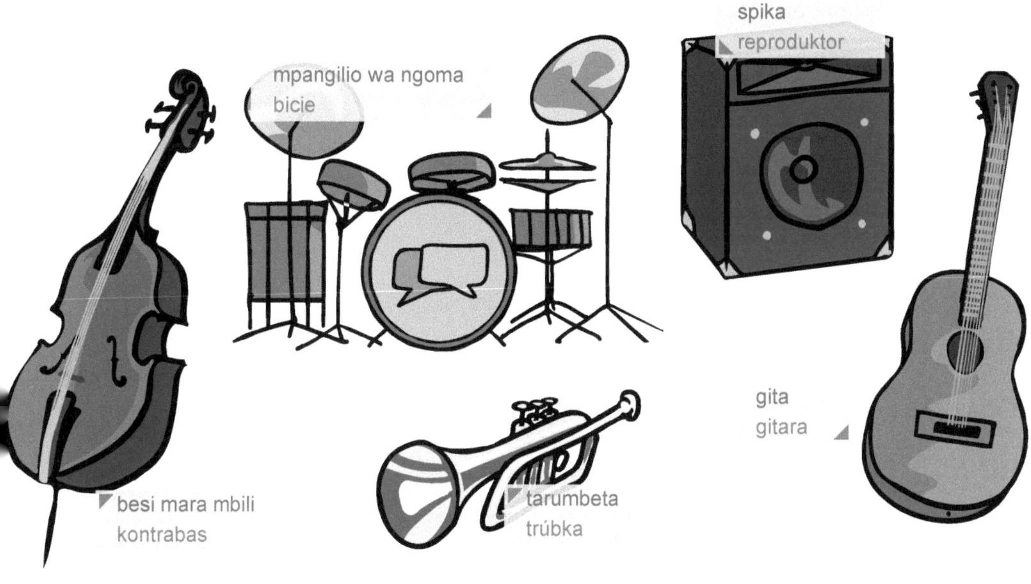

spika
reproduktor

mpangilio wa ngoma
bicie

gita
gitara

besi mara mbili
kontrabas

tarumbeta
trúbka

piano

klavír

fidla

husle

ubeji

basa

timpani

tympany

ngoma

bubon

kibodi

klávesnica

saksafoni

saxofón

filimbi

flauta

maikrofoni

mikrofón

# bustani ya wanyama

## ZOO

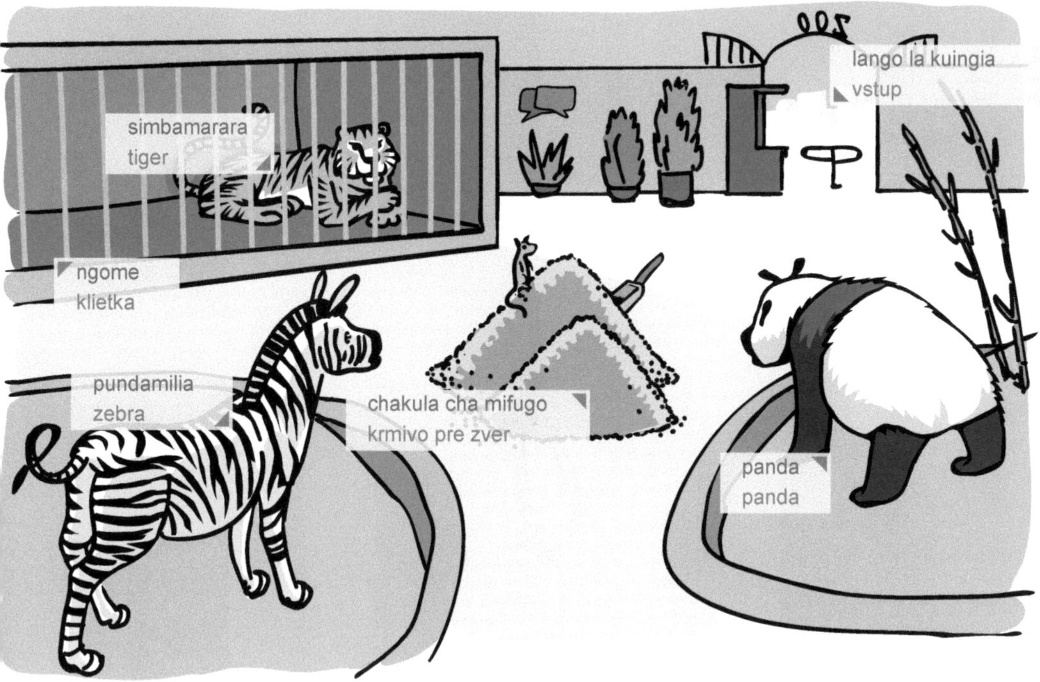

simbamarara
tiger
lango la kuingia
vstup
ngome
klietka
pundamilia
zebra
chakula cha mifugo
krmivo pre zver
panda
panda


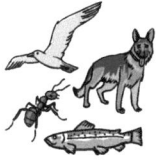

wanyama

zvieratá

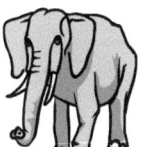

tembo

slon

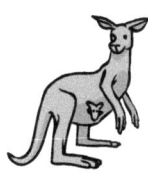

kangaruu

klokan

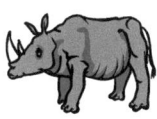

kifaru

nosorožec

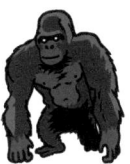

sokwe

gorila

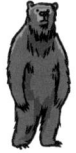

dubu

medveď

ngamia

ťava

mbuni

pštros

simba

lev

tumbili

opica

heroe

plameniak

kasuku

papagáj

dubu

ľadový medveď

penguini

tučniak

papa

žralok

tausi

páv

nyoka

had

mamba

krokodíl

mtunza wanyama

ošetrovateľ v ZOO

muhuri

tuleň

jaguar

jaguár

mwanafarasi

poník

chui

leopard

kiboko

hroch

twiga

žirafa

tai

orol

nguruwe mwitu

diviak

samaki

ryba

kobe

korytnačka

sili

mrož

mbweha

líška

paa

gazela

soka ya marekani
americký futbal

uendeshaji baiskeli
cyklistika

tenisi
tenis

mpira wa kikapu
basketbal

kuogelea
plávanie

magongo ya barafuni
hokej

ndondi
box

| soka | vinyoya | riadha |
|------|---------|--------|
| futbal | bedminton | ľahká atletika |

| mpira wa mikono | skii | polo |
|-----------------|------|------|
| hádzaná | lyžovanie | pólo |

# shughuli
# aktivity

cheka
smiať sa
kuruka
skočiť
kumbatia
objať
kutembea
chodiť
kuimba
spievať
ota ndoto
snívať
kuomba
modliť sa
busu
pobozkať

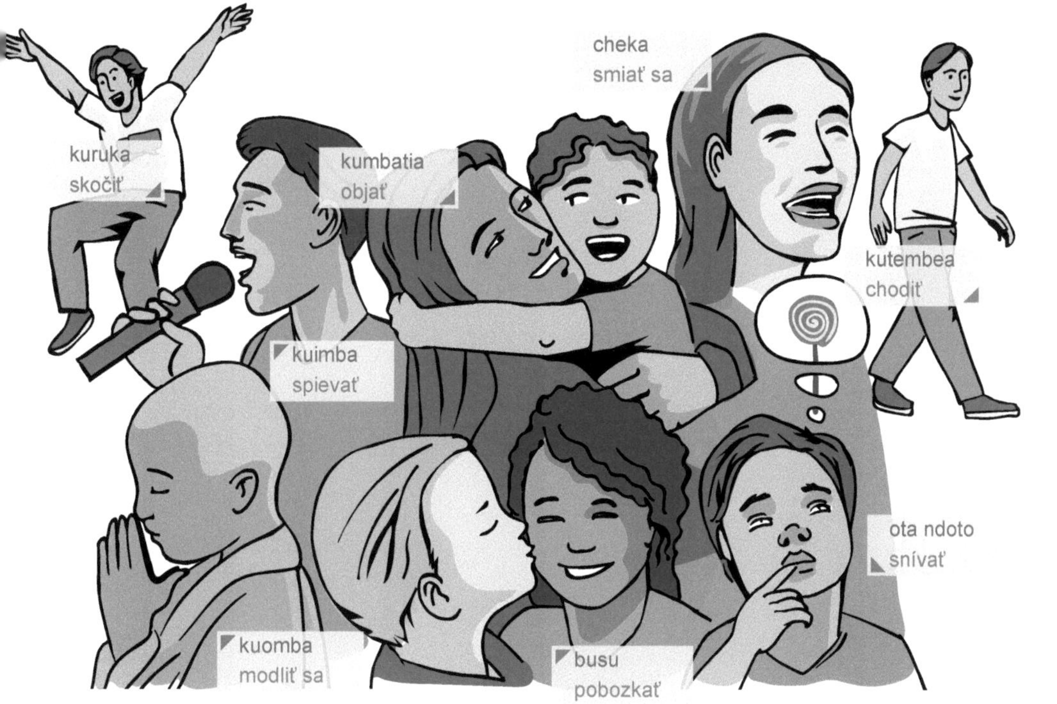

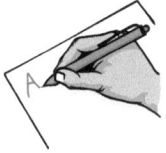

kuandika

písať

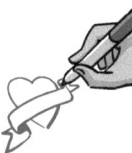

kuteka

kresliť

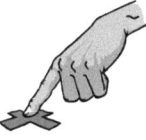

angalia

ukázať

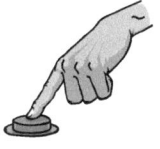

sukuma

tlačiť

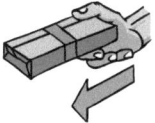

kutoa

dať

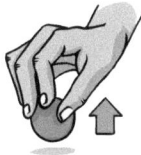

kuchukua

brať

kuwa

mať

fanya

robiť

kuwa

byť

kusimama

stáť

kukimbia

bežať

vuta

ťahať

kutupa

hádzať

kuanguka

padnúť

hadaa

ležať

kusubiri

čakať

kubeba

nosiť

kukaa

sedieť

vaa nguo

obliecť sa

usingizi

spať

kuamka

zobudiť sa

kuangalia

pozerať

lia

plakať

kiharusi

hladkať

chana nywele

česať

ongea

hovoriť

kuelewa

rozumieť

kuuliza

pýtať sa

kusikiliza

počuť

kunywa

piť

kula

jesť

nadhifisha

upratať

upendo

milovať

mpishi

variť

gari

jazdiť

kuruka

letieť

meli

plachtiť

kokotoa

počítať

kusoma

čítať

kujifunza

učiť sa

kazi

pracovať

kuoa

oženiť

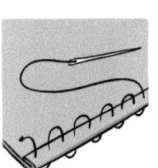

kushona

šiť

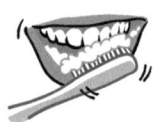

piga mswaki

čistiť zuby

kuua

zabiť

moshi

fajčiť

kutuma

poslať

bibi
stará mama

babu
starý otec

baba
otec

mama
mama

mtoto
bábo

binti
dcéra

bin
syn

mgeni

hosť

shangazi

teta

mjomba

strýko

kaka

brat

dada

sestra

# mwili

## telo

paji la uso
čelo
jicho
oko
uso
tvár
kidevu
brada
kidole
prst
mkono
ruka
matiti
hruď
mkono
rameno
bega
plece
mguu
noha


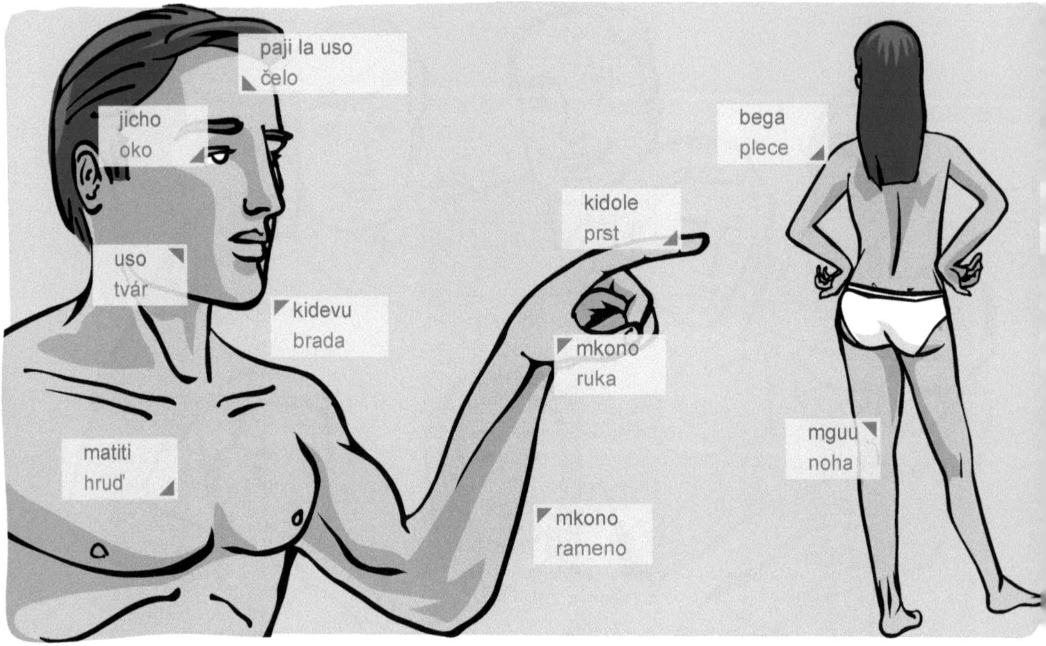

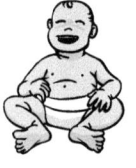

mtoto

bábo

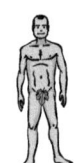

mwanamume

muž

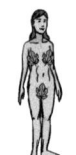

mwanamke

žena

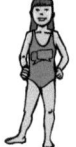

msichana

dievča

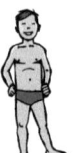

mvulana

chlapec

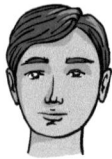

kichwa

hlava

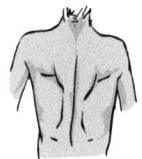

nyuma

chrbát

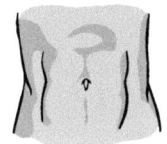

tumbo

brucho

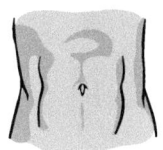

kitovu

pupok

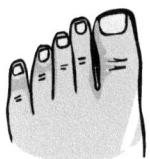

chano

prst na nohe

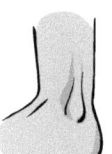

kisigino

päta

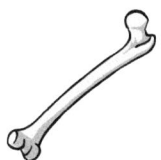

mfupa

kosť

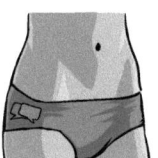

nyonga

bok

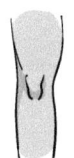

goti

koleno

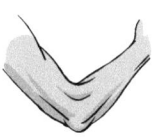

kiwiko

lakeť

pua

nos

chini

zadok

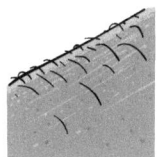

ngozi

koža

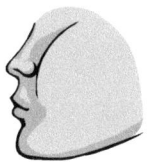

shavu

líce

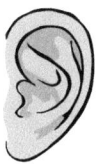

sikio

ucho

mdomo

pery

kinywa

ústa

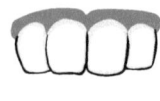

jino

zub

ulimi

jazyk

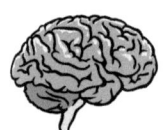

ubongo

mozog

moyo

srdce

misuli

svaly

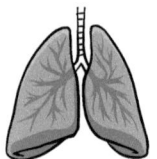

pafu

pľúca

ini

pečeň

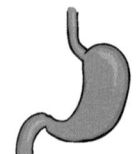

tumbo

žalúdok

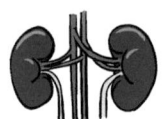

figo

obličky

jinsia

pohlavný styk

kondomu

kondóm

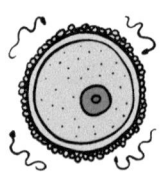

ovari

vaječná bunka

shahawa

semeno

mimba

tehotenstvo

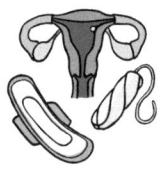

hedhi

menštruácia

uke

vagína

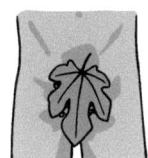

uume

penis

unyusi

obočie

nywele

vlasy

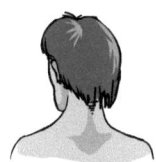

shingo

krk

# hospitali
# nemocnica

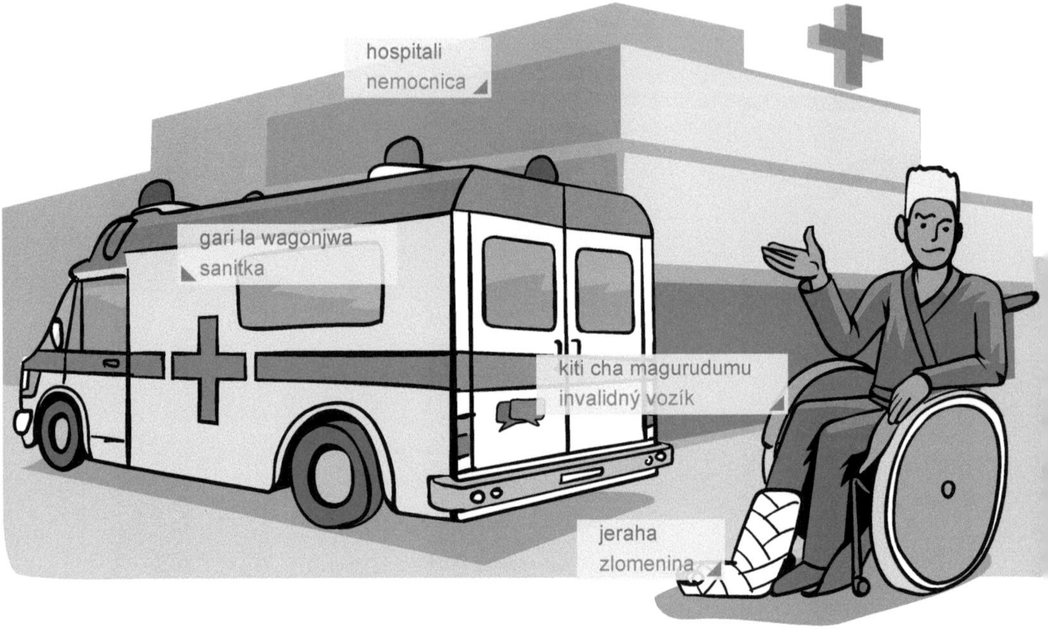

hospitali
nemocnica
gari la wagonjwa
sanitka
kiti cha magurudumu
invalidný vozík
jeraha
zlomenina


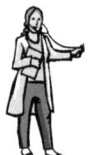

daktari

lekár

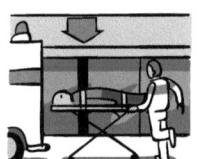

chumba cha dharura

urgentný príjem

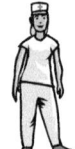

muuguzi

sestrička

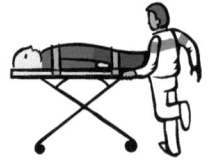

dharura

urgentný prípad

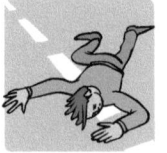

kupoteza fahamu

v bezvedomí

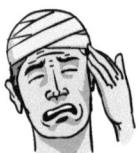

maumivu

bolesť

kuumia

zranenie

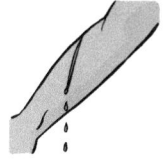

kutokwa na damu

krvácanie

mshtuko wa moyo

srdcový infarkt

kiharusi

mozgová porážka

mzio

alergia

kikohozi

kašeľ

homa

teplota

mafua

chrípka

kuharisha

hnačka

maumivu ya kichwa

bolesť hlavy

kansa

rakovina

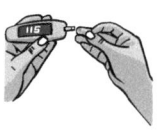

ugonjwa wa kisukari

cukrovka

daktari mpasuaji

chirurg

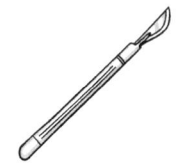

kisu kidogo cha kupasulia

skalpel

operesheni

operácia

picha changanufu ya mwili

CT

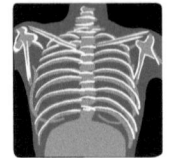

Eksrei

RTG

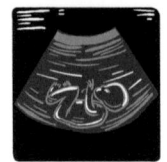

mawimbi sauti

ultrazvuk

barakoa ya uso

maska

ugonjwa

choroba

chumba cha kusubiri

čakáreň

mkongojo

barla

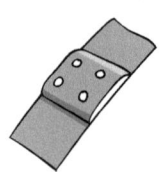

plasta

náplasť

bendeji

obväz

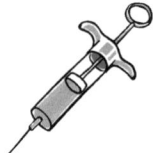

sindano

injekcia

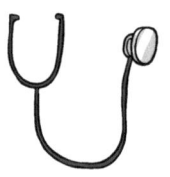

stetoskopu

fonendoskop

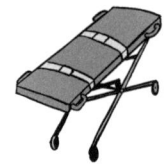

machela

nosidlá

kipimajoto cha kliniki

teplomer

kuzaliwa

pôrod

unene kupita kiasi

nadváha

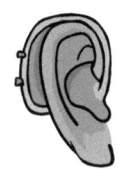

kusikia misaada

audiofón

kipukusi

dezinfekčný prostriedok

maambukizi

infekcia

virusi

vírus

VVU / UKIMWI

HIV / AIDS

dawa

medicína

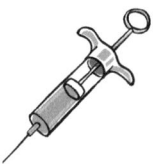

chanjo

očkovanie

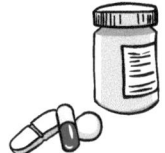

vidonge

tabletky

kidonge

antikoncepčná pilulka

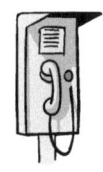

simu ya dharura

tiesňové volanie

haemodainamometa

tlakomer

mgonjwa / mwenye afya

chorý / zdravý

Msaada!

Pomoc!

kengele

alarm

pigo

prepad

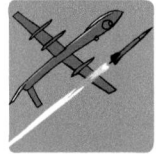

shambulizi

útok

hatari

nebezpečenstvo

lango la dharura

núdzový východ

Moto!

Horí!

kizima moto

hasičský prístroj

ajali

nehoda

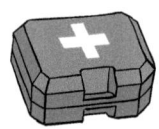

vifaa vya huduma ya
kwanza

kufrík prvej pomoci

wito wa msaada

SOS

polisi

polícia

Ulaya

Európa

Amerika ya Kaskazini

Severná Amerika

Amerika ya Kusini

Južná Amerika

Afrika

Afrika

Asia

Ázia

Australia

Austrália

Atlantiki

Atlantický oceán

Pasifiki

Tichý oceán

Bahari ya Hindi

Indický oceán

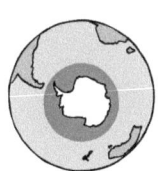

Bahari ya Antaktiki

Južný oceán

Bahari ya Aktiki

Severný ľadový oceán

Ncha ya Kaskazini

Severný pól

Ncha ya Kusini

Južný pól

Antaktika

Antarktída

dunia

Zem

nchi

krajina

bahari

more

kisiwa

ostrov

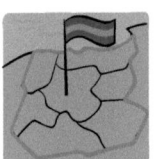

taifa

národ

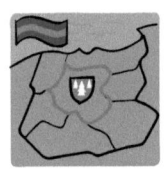

jimbo

štát

uso wa saa

ciferník

akrabu ya saa

hodinová ručička

akrabu ya dakika

minútová ručička

akrabu ya sekunde

sekundová ručička

Ni saa ngapi?

Koľko je hodín?

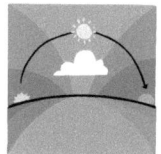

siku

deň

wakati

čas

sasa

teraz

saa ya dijitali

digitálne hodiny

dakika

minúta

saa

hodina

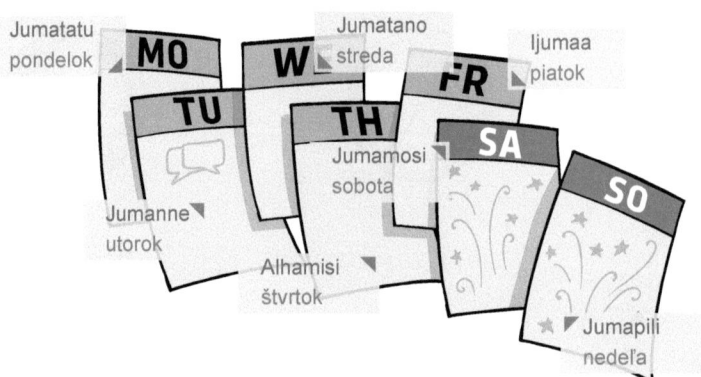

Jumatatu
pondelok

**MO**

**W** streda
Jumatano

**FR** piatok
Ijumaa

**TU**

**TH**

**SA**

**SO**

Jumanne
utorok

Jumamosi
sobota

Alhamisi
štvrtok

Jumapili
nedeľa

jana

včera

leo

dnes

kesho

zajtra

asubuhi

ráno

saa sita mchana

poludnie

jioni

večer

| MO | TU | WE | TH | FR | SA | SU |
|----|----|----|----|----|----|----|
| 1  | 2  | 3  | 4  | 5  | 6  | 7  |
| 8  | 9  | 10 | 11 | 12 | 13 | 14 |
| 15 | 16 | 17 | 18 | 19 | 20 | 21 |
| 22 | 23 | 24 | 25 | 26 | 27 | 28 |
| 29 | 30 | 31 | 1  | 2  | 3  | 4  |

siku za biashara

pracovné dni

| MO | TU | WE | TH | FR | SA | SU |
|----|----|----|----|----|----|----|
| 1  | 2  | 3  | 4  | 5  | 6  | 7  |
| 8  | 9  | 10 | 11 | 12 | 13 | 14 |
| 15 | 16 | 17 | 18 | 19 | 20 | 21 |
| 22 | 23 | 24 | 25 | 26 | 27 | 28 |
| 29 | 30 | 31 | 1  | 2  | 3  | 4  |

mwishoni mwa wiki

víkend

mvua
dážď

upinde wa mvua
dúha

theluji
sneh

upepo
vietor

majira ya machipuko
jar

vuli
jeseň

kiangazi
leto

majira ya baridi
zima

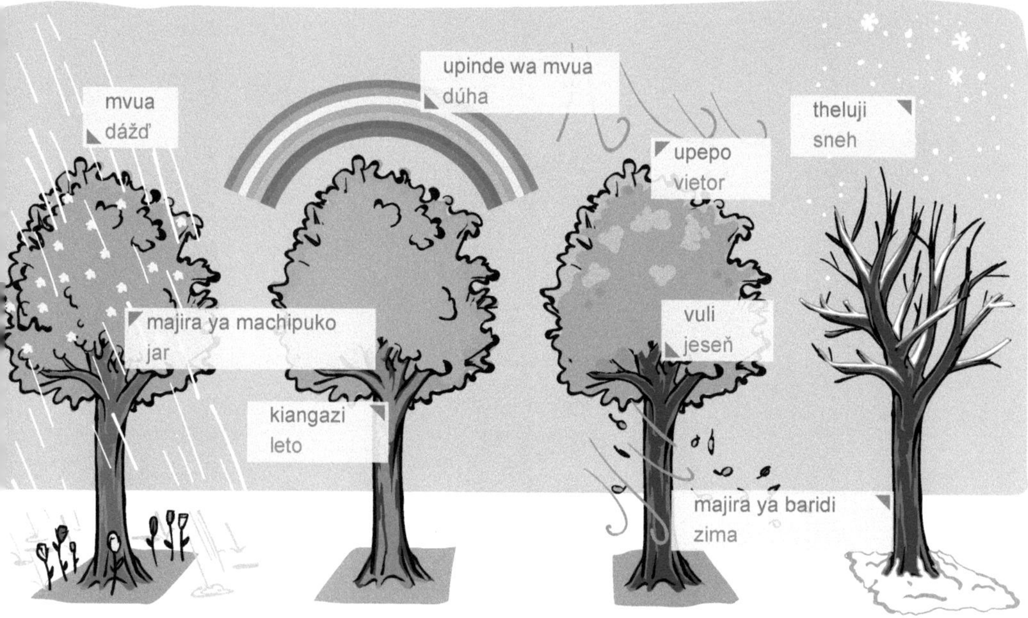

utabiri wa hali ya hewa

predpoveď počasia

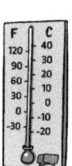

kipimajoto

teplomer

mwanga wa jua

slnečný svit

wingu

oblak

ukungu

hmla

unyevu

vlhkosť vzduchu

umeme

blesk

radi

hrom

dhoruba

búrka

mvua ya mawe

krúpy

monsuni

monzún

mafuriko

záplava

barafu

ľad

Januari

január

Februari

február

Machi

marec

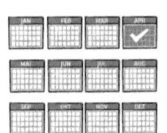

Aprili

apríl

Mei

máj

Juni

jún

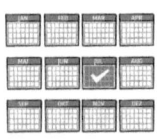

Julai

júl

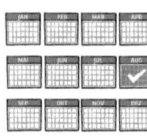

Agosti

august

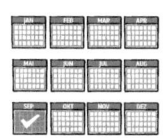

Septemba

september

Oktoba

október

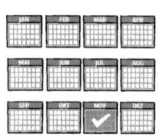

Novemba

november

Desemba

december

## maumbo
## tvary

mduara

kruh

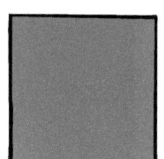

mraba

štvorec

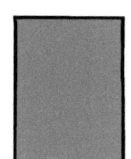

mstatili

obdĺžnik

pembetatu

trojuholník

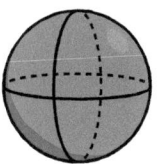

nyanja

guľa

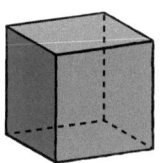

mchemraba

kocka

nyeupe

biela

manjano

žltá

chungwa

oranžová

rangi ya waridi

ružová

nyekundu

červená

hudhurungi

fialová

bluu

modrá

kijani

zelená

hanja

hnedá

jivujivu

šedá

nyeusi

čierna

mengi / kidogo

veľa / málo

hasira / pole

zúrivý / pokojný

nzuri / mbaya

pekný / škaredý

mwanzo / mwisho

začiatok / koniec

kubwa / ndogo

veľký / malý

angavu / giza

svetlý / tmavý

kaka / dada

brat / sestra

safi / chafu

čistý / špinavý

kamilika / tokamilika

úplný / neúplný

siku / usiku

deň / noc

wafu / hai

mŕtvy / živý

pana / nyembamba

široký / úzky

kulika / kutolika

chutný / nechutný

ovu / ema

zlostný / láskavý

sisimkwa / udhika

vzrušený / unudený

nene / nyembamba

tlstý / chudý

kwanza / mwisho

prvý / posledný

rafiki / adui

priateľ / nepriateľ

jaa / tupu

plný / prázdny

ngumu / laini

tvrdý / mäkký

nzito / nyepesi

ťažký / ľahký

njaa / kiu

hlad / smäd

mgonjwa / mwenye afya

chorý / zdravý

haramu / kisheria

nelegálny / legálny

akili / kijinga

inteligentný / hlúpy

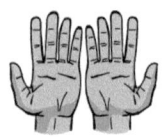

kushoto / kulia

vľavo / vpravo

karibu / mbali

blízko / ďaleko

mpya / kutumika

nový / použitý

kitu / jambo

nič / niečo

zee / changa

starý / mladý

waka / zima

zapnuté / vypnuté

wazi / fungwa

otvorené / zatvorené

utulivu / kelele

tichý / hlasný

tajiri / masikini

bohatý / chudobný

sahihi / kosa

správne / nesprávne

mbaya / laini

drsný / hladký

huzunika / furahia

smutný / šťastný

fupi /ndefu

krátky / dlhý

polepole / haraka

pomaly / rýchlo

nyevu / kavu

mokrý / suchý

joto / baridi

teplý / studený

vita / amani

vojna / mier

# nambari

## čísla

| | | |
|---|---|---|
| **0** | **1** | **2** |
| sufuri | moja | mbili |
| nula | jeden | dva |
| **3** | **4** | **5** |
| tatu | nne | tano |
| tri | štyri | päť |
| **6** | **7** | **8** |
| sita | saba | nane |
| šesť | sedem | osem |
| **9** | **10** | **11** |
| tisa | kumi | kumi na moja |
| deväť | desať | jedenásť |

## 12
kumi na mbili

dvanásť

## 13
kumi na tatu

trinásť

## 14
kumi na nne

štrnásť

## 15
kumi na tano

pätnásť

## 16
kumi na sita

šestnásť

## 17
kumi na saba

sedemnásť

## 18
kumi na nane

osemnásť

## 19
kumi na tisa

devätnásť

## 20
ishirini

dvadsať

## 100
mia

sto

## 1.000
elfu

tisíc

## 1.000.000
milioni

milión

Kiingereza

angličtina

Kiingereza cha Marekani

americká angličtina

Kimandarini cha Uchina

mandarínska čínština

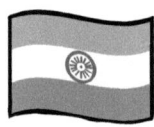

Kihindi

hindčina

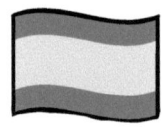

Kihispania

španielčina

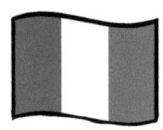

Kifaransa

francúzština

Kiarabu

arabčina

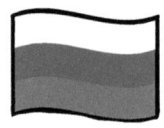

Kirusi

ruština

Kireno

portugalčina

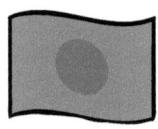

Kibengali

bengálčina

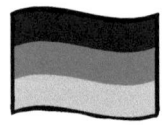

Kijerumani

nemčina

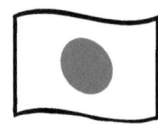

Kijapani

japončina

mimi

ja

wewe

ty

yeye / yeye / ni

on/ona/ono

sisi

my

wewe

vy

wao

oni

nani?

kto?

nini?

čo?

jinsi gani?

ako?

wapi?

kde?

lini?

kedy?

jina

meno

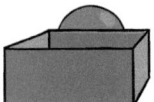

nyuma

za

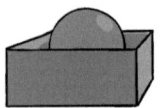

katika

v

mbele ya

pred

juu ya

nad

kwenye

na

chini ya

pod

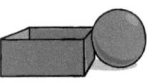

kando

vedľa

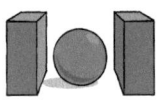

kati

medzi

mahali

miesto